Inhalt

Outsourcing/Offshoring - Die ausgelagerte Produktion oder IT spart nicht nur Kosten, sondern birgt auch extreme Sicherheitsrisiken

Kernthesen

Beitrag

Fallbeispiele

Weiterführende Literatur

Impressum

GENIOS WirtschaftsWissen Nr. 06/2006 vom 19.06.2006

Outsourcing/Offshoring - Die ausgelagerte Produktion oder IT spart nicht nur Kosten, sondern birgt auch extreme Sicherheitsrisiken

M. Westphal

Kernthesen

- Das Auslagern von Unternehmensfunktionen und Prozessen ist inzwischen für Unternehmen nahezu ein Muss.
- Unternehmen sehen und bewerten in der Regel nur die Vorteile und Potenziale zur

Kosteneinsparung, nicht aber die Risiken.
- Aufgrund zahlreicher möglicher Risiken ist die Implementierung eines das Outsourcing begleitenden Controllings zum Risikomanagement unabdingbar.

Beitrag

Das Auslagern von Unternehmensfunktionen oder kompletten Geschäftsbereichen führt zu erheblichen Kosteneinsparungen, ist aber auch mit ebensolchen Risiken verbunden, die häufig nicht im vorhinein bedacht werden.

Es mangelt bei Outsourcing-Entscheidungen an Risikobewusstsein und der rechtzeitigen Einbindung des Controllings

Die Meinungen zu den ohne Outsourcing erzielten Vorteilen sind in der Regel recht homogen. Bei der Betrachtung der Risiken des Outsourcings zeigt sich allerdings ein deutlich differenzierteres Bild. So wird die mögliche wirtschaftliche Abhängigkeit vom

Outsorucing-Dienstleister häufig als negativ angesehen. Ebenso wird das Risiko des Kontrollverlusts über den Prozessablauf, die Funktionen, Anwendungen und Entscheidungen eingeschätzt. Immer noch hoch wird das Problem des Entwurfs ausreichend detaillierter Service-Level-Agreements gesehen, die sicherstellen, dass der Dienstleister in ausreichendem Maße gemäß den Vorstellungen des Outsourcers handelt. Das Risiko opportunistischen Verhaltens des Insourcers (also das Ausnutzen vertraglicher Schwächen oder fehlender Mess- und Kontrolleinrichtungen) wird als nicht mehr so hoch angesehen. (3)
Aber auch der Diebstahl geistigen Eigentums sollte als Risiko beachtet werden.
Im Hinblick auf eine ganzheitliche, auch die Risiken berücksichtigende Betrachtungsweise ist die rechtzeitige Einbindung von Controllingverantwortlichen unabdingbar. Im Folgenden werden auch die relevanten Controllinginstrumente sowie Vorgehensweisen aufgezeigt werden, die eine Implementierung der Controlling-Funktion in Outsourcing-Projekte nahe legen.

Gefahren bei der Auslagerung von IT-Dienstleistungen

Die Qualität von ausgelagerten IT-Dienstleistungen entscheidet sich lange vor Auftragsvergabe, denn der erste Schritt muss eine genaue Dokumentation der eigenen Prozesse sein. Nur daraus kann ermittelt werden, welche Aufgaben und in welchem Umfang eine Auslagerung die Effizienz steigern kann. So muss jeder Outsourcing-Prozess mit eigenständigen und prüfbaren Schritten abgearbeitet werden. (2)
Als ein Hauptrisiko auslagernder Projekte wird gesehen, dass Prozesse ausgelagert werden, die der Auftraggeber nicht beherrscht. So werden dem Partner ungelöste Probleme übergeben, die häufig mit höheren Kosten und noch größeren Problemen zurückkommen. (4)
Wichtig ist es auch bereits vorab zu entscheiden, welche Aufgaben der Dienstleister nicht erfüllen soll. (4)

Gefahren bei der Auslagerung der Produktion

Hersteller, die auf den Komponentenmarkt angewiesen sind, haben oft gar keine andere Wahl als ihre Produkte in Asien zu fertigen, denn der Komponentenmarkt hat sich hierher verlagert. Aber der Preis für ein solches Offshoring kann hoch sein, wenn die Baupläne auch weiter wandern. (9)

In Kaffeekränzchen wird häufig behauptet: In der Ukraine wird nur zu einem Drittel der Kosten produziert. Aber das resultiert bei Managern aus Fertigungsunternehmen nur in einem Kopfschütteln, da sich das meist nur auf die Personalkosten bezieht, die einen relativ geringen Anteil an den gesamten Stückkosten ausmachen. Denn Deutschland bietet aufgrund seiner zentralen Lage hohe Logistikvorteile, die auch berücksichtigt werden müssen, wenn eine ganzheitliche Kostenbetrachtung erfolgt. Trotzdem wandert das produzierende IT-Gewerbe schon lange nach Asien aus. So könnte sich mit der IT-Branche in Indien und China das Wiederholen, was die US-amerikanische Automobilindustrie vor über 30 Jahren fast in den Ruin getrieben hat. (9)

Das interne Risikobewusstsein sollte durch die Controlling-Funktion genau strukturiert und überwacht werden

Das Auslagern von Geschäftsprozessen ist gefährlich, da Outsourcing-Deals häufig eine unangenehme Eigendynamik entwickeln, die sie vom eigentlichen Geschäftsziel entfernt. Trotzdem können sich die Kunden auf die meisten möglichen Störungen

vorbereiten. So sollte ein internes Risiko-Management für Outsourcing-Projekte etabliert werden. (4)
Ein erfolgreiches Outsourcing-Projekt besitzt eine eigene Controlling-Funktion, die die Prozesse strukturiert und kontrolliert.
Jedes Unternehmen muss sich im Vorhinein auch darüber klar werden, ob der Verlust von Daten, die dem Outsourcer übergeben werden riskiert werden kann und wer in einem solchen Falle dann die Haftung übernehmen würde. (7)

Die zehn wichtigsten Kriterien eines erfolgreichen Outsourcing-Projektes:
- Sourcing-Strategie definieren
- Ausschreibung
- Auswahl, Angebotsprüfung, Benchmarks
- Due Dilliegence
- Konzeption von Migration, Betrieb und Optimierung
- Entwicklung und Verhandlung von Service-Level-Agreements
- Management von Projekt und dessen Risiken
- Migrations-Management
- Monitoring des Betriebs
- Kontinuierliche Optimierung
(2)

Tools zur Eingrenzung von Outsourcing-Risiken:
- Kostenanalyse
- Prozessanalyse

- Vertragsanalyse
- Business-Case-Analyse
- Mitarbeiterbefragung

(4)

Umgang mit Risiken:
- Bewertung des Risikos und Aktualisierung des Business Case
- Entwicklung eines Risiko-Management-Plans für jedes Risiko
- Überprüfung von Verträgen auf Ansatzpunkte zur Nachverhandlung
- Analyse und Behebung von Schwachstellen

(4)

Umgang mit schlechten Verträgen:
- Etablierung Risiko-Management
- Stärken-Schwächen-Analyse des Vertrags
- Erarbeitung Verhandlungsposition durch Juristen

(4)

Fallbeispiele

Der Faktor Sicherheit und die geltende Rechtslage im Offshore-Land müssen sehr genau betrachtet und

bewertet werden, bevor eine entsprechende Outsourcing-Entscheidung getroffen wird.
Bereits vor einigen Jahren beauftragte der amerikanische CAD/CAM-Spezialist Solidworks einen indischen Outsourcer mit dem Debuggen seines Quellcodes. Solidworks sicherte sich gegen die Weitergabe von sensiblen Informationen mit der Unterzeichnung eines Non-Disclosure-Agreements (NDA) durch alle Angestellten des Outsourcers ab. Trotzdem wurde eine Kopie des Codes kurz darauf von einem Mitarbeiter gestohlen. Das auch vom Dieb unterzeichnete NDA nutzte bei seiner Fahndung wenig. Die indische Gesetzgebung ist im Falle von Copyright-Verletzungen recht eindeutig, nicht aber im Bereich von Diebstählen. So war das NDA für Solidworks das Papier nicht wert auf dem es geschrieben war. Ein einfacher Diebstahl, wie hier vorliegend, wird von der indischen Polizei kaum verfolgt.
In diesem Falle hatte das FBI allerdings große Unterstützung vom indischen Geheimdienst erhalten. So wurde der Dieb letztendlich überführt, als er versuchte eine Kopie des Quellcodes für 250 000 US-Dollar an eine Undercover-Agentin zu verkaufen. (7)

Terratec ist ein deutscher Hersteller von IT-Produkten, die teilweise eine Weltneuheit waren und sind. Die 1994 gegründete Firma brachte kürzlich den TV-USB-Stick "Cinergy Hybrid T USB XS" auf den

Markt. Doch dieser entwickelte sich zum Verlustgeschäft. Andere Hersteller waren sehr schnell mit Me-Too-Produkten auch auf den Markt gekommen und brauchten nicht mit Entwicklungskosten zu kalkulieren. Weltweite Patente sind in einem solchen Markt zu langwierig und kostspielig. Für die beiden wichtigsten Absatzmärkte Deutschland und Österreich wurde der TV-USB-Stick aber per Gebrauchsmuster geschützt. In Deutschland und Österreich hat Terratec jetzt eine Handhabe gegen Kopierer.
Aber trotzdem stellt sich die Frage, wie Konkurrenten in einer solch frühen Phase des Produktlebenszyklus an die entsprechenden Produktdaten kommen. Die Geschäftsführung von Terratec geht von undichten Stellen bei den asiatischen Auftragsfertigern aus. Natürlich hat Terratec auch erwogen, in Deutschland oder zumindest Europa zu fertigen. Aber, da der Komponentenmarkt in Asien ist, wären Transportzeiten und Logistikosten einfach zu hoch. Eine einsatzsynchrone Beschaffung wäre kaum möglich, und berge darüber hinaus das Währungsrisiko. So bleibt auch Terratec das Offshoring nicht erspart mit allen Risiken für den Schutz des geistigen Eigentums. (9)

Zwar wurde der Verkauf der IBM-PC-Sparte an den chinesischen Hersteller Lenovo von den Aufsichtsbehörden kritisch beäugt, aber die PC-

Sparte hat in Sachen Supply Chain schon einiges von Lenovo lernen müssen. (9)

Weiterführende Literatur

(1) KPMG-Umfrage: Finanzdienstleister messen Outsourcing-Nutzen häufiger als -Risiko / Auslagerung von Dienstleistungen ins Inland bevorzugt
aus news aktuell, 2006-04-05

(2) Kriterien für erfolgreiches Outsourcing
aus Computerwoche, 02.06.2006, Nr. 22 Seite 30

(3) Strategisches Sourcing im KMU-Kreditgeschäft
aus Zeitschrift für das gesamte Kreditwesen 11 vom 01.06.2006 Seite 564

(4) Outsourcing: Wie man Risiken begrenzt
aus Computerwoche, 12.05.2006, Nr. 19 Seite 56

(5) Umfrage: Finanzdienstleister messen Nutzen des Outsourcing häufiger als dessen Risiko
aus FINANZ BETRIEB, Heft 5 vom 1.5.2006, Seite 299

(6) Der Mittelstand lagert weitere Bereiche aus
aus PERSONALmagazin, Heft 05/2006, S. 7

(7) Sicherheitsrisiko Offshoring
aus Computerwoche, 26.05.2006, Nr. 21 Seite 41

(8) Indien - ein Kapitalismusmärchen

aus Computerwoche, 19.05.2006, Nr. 20 Seite 6-7

(9) EIN OPFER GEISTIGEN DIEBSTAHLS LERNT SELBSTVERTEIDIGUNG Terratec in der Globalisierungsfalle
aus IT Business, Heft 14/2006, S. 6

Impressum

Outsourcing/Offshoring - Die ausgelagerte Produktion oder IT spart nicht nur Kosten, sondern birgt auch extreme Sicherheitsrisiken

Bibliografische Information der deutschen Nationalbibliothek

Die Deutsche Nationalbibliothek verzeichnet diese Publikation in der deutschen Nationalbibliografie; detaillierte bibliografische Daten sind im Internet über http://dnb.d-nb.de abrufbar.

ISBN: 978-3-7379-0034-8

© 2015 GBI-Genios Deutsche Wirtschaftsdatenbank GmbH, Freischützstraße 96, 81927 München, www.genios.de

Alle Rechte vorbehalten. Dieses Werk ist einschließlich aller seiner Teile – z.B. Texte, Tabellen und Grafiken - urheberrechtlich geschützt. Jede Verwertung außerhalb der Grenzen des Urheberrechtsgesetzes bedarf der vorherigen Zustimmung des Verlags. Dies gilt insbesondere auch für auszugsweise Nachdrucke, fotomechanische

Vervielfältigungen (Fotokopie/Mikroskopie), Übersetzungen, Auswertungen durch Datenbanken oder ähnliche Einrichtungen und die Einspeicherung und Verarbeitung in elektronischen Systemen.